AF398986

PABLO DOMÍNGUEZ

EL CORAZÓN DEL REY

No se permite la reproducción total o parcial de esta obra, ni su incorporación a un sistema informático, ni su transmisión en cualquier forma o por cualquier medio (electrónico, mecánico, fotocopia, grabación u otros) sin autorización previa y por escrito de los titulares del copyright. La infracción de dichos derechos puede constituir un delito contra la propiedad intelectual.

Cubierta: *King Arthur*. Detail of a miniature of King Arthur dictating to a scribe. London: British Library, Royal 14 E III f. 140. (*Estoire del Saint Graal, La Queste del Saint Graal, Morte Artu*). France, N. (Saint Omer or Tournai?), 1st quarter of the 14th century.

© Pablo Domínguez, 2020

Edición e impresión por BoD – Books on Demand
info@bod.com.es – www.bod.com.es
Impreso en Alemania – Printed in Germany

ISBN: 978-8-4132-6366-3

Para mi maestro Carlos Alvar,

cuya mirada de candor trasciende
la grácil odisea de mi pluma,
y a los fríos fantasmas de la bruma
con brillante ademán Joyosa hiende

GINEBRA *REVISITED*

A Xiomara

Quando leggemmo il disïato riso
esser basciato da cotanto amante,
questi, che mai da me non fia diviso,
la bocca mi basciò tutto tremante.
Galeotto fu 'l libro e chi lo scrisse:
quel giorno più non vi leggemmo avante

DANTE ALIGHIERI

Eres dueña del corazón del rey.

El baile de tu rostro luminar

echa por tierra el libro de la ley

con su leve y opalino caminar.

He visto tu pasión por el monarca

en tu gran sonrisa iluminada,

en el halo cetrino de la Parca

que se apaga ante el tuyo deslumbrada.

No surcará la duda tus cabellos,

no habrá intentos de asedios indecentes,

y cantarán los ángeles más bellos

a la reina más recta entre las gentes.

Yo aplastaré a los necios Lanzarotes,

a llorones, metiches y Quijotes.

[11]

COPERO DE UN SOLO SEÑOR

A Carlos

¡Qué maestro de esforçados
y valientes!
¡Qué seso para discretos,
qué gracia para donosos,
qué razón!
¡Qué benigno a los sujebtos,
y a los bravos y dañosos,
un león!

JORGE MANRIQUE

Nunca te pedí nada, padre mío,

pues en mirándome en tu gran espejo

las sentencias fluyeron como el río,

y en esto no tienes ningún parejo.

Las dudas que anegaron mi horizonte

se fueron con el ritmo del discurso,

quedándose en las puertas del Bifronte

sin gastar de las armas el recurso.

Pero ya sabes que el terror aprieta

congelando a los de la última hornada,

pues del mañana todo nos inquieta:

de la luz del ocaso a la alborada.

Yo soy copero de un solo Señor,

cuídame de los ecos del rumor.

A TRAVÉS DEL SUCIO QUINQUÉ

De un quinqué de latón la luz visunta
el tubo ahumado con un grito raja,
y está en la puerta el hombre que pregunta:
¿Quién quiere sacar filo a la navaja?

RAMÓN DEL VALLE-INCLÁN

Cruza el rayo de luz la puente antigua

como un cariño nocturno la luna,

y haciendo del rumor canción de cuna

el río encandilado se santigua.

No rompe así la noche la estantigua

que marcha bajo el signo de la runa,

y una pasión pura como ninguna

mi trémulo corazón atestigua.

Es la luna el espejo de un romance

e intercesión de un astro caprichoso,

las nubes en seguida lo negaron.

Con un llanto al alba comienza el trance

para los ojos de un hombre dichoso

que a través del sucio quinqué soñaron.

ESPAÑA

Nos gobierna, ya la voluntariedad del arranque,
ya el abandono fatalista

MIGUEL DE UNAMUNO

Se esfuma la ilusión en los tejados

de lluvias centenarias de la Iberia,

mientras recojo frutos empapados

de la antigua y pomposa tierra Hesperia.

Ya presiento el sabor amargo y fino

de este hijo sorprendente y radical,

que da acero, sangre, música y vino

como Aquiles, guerrero pasional.

No dejará títere con cabeza

en su paso por esta triste historia,

quizás algún blasón de la nobleza

o caballeros de ínfula irrisoria.

Este es el destino que a nadie engaña,

un jardín de rosas llamado España.

La muerte del rey Ban de Benoic

Para Joaquín

El corazón le estalla en el vientre y queda muerto en el suelo,
con los brazos extendidos, el rostro mirando al cielo
y la cabeza girada hacia Oriente

HISTORIA DE LANZAROTE DEL LAGO

Desde lo alto de la verde colina

el rey Ban se dispone a contemplar

el más bello castillo del lugar

sin saber el dolor que se avecina.

De grandes llamas se alza una cortina

que engulle y arrasa todo como un mar,

obligando al castillo a claudicar

en corona de una región vecina.

Vean cayendo al rey de su montura,

sangrando y llorando por lo perdido:

por Elaine, flor de marchita hermosura,

por Lancelot, su bello hijo querido,

que por amor vivirá una tortura

luchando contra el deseo prohibido.

IL MIO NUOVO COMPAGNO

A Guillermo

De un pueblo en llamas
os hacéis defensores... Mas muramos
desafiando de frente los aceros:
¿Qué salvación queda al vencido? Una:
no esperar salvación...

VIRGILIO

Ahora somos dos en la trinchera

y se vuelve un juego la adversidad,

nos hacemos fuertes en hermandad

degustando los valores de otra era:

el genio de Cervantes por montera,

Lasso cortés, Góngora soledad,

Lope inmortal, Quevedo vanidad,

Calderón suave, Manrique llantera.

Homero y el yelmo del gran Priamida,

Catulo y el pajarillo del amor,

Virgilio y los fantasmas de una vida,

Ausonio y el futuro prometedor.

Me trajiste, Guillermo, la querida

fragancia de una espada y lira en flor.

[21]

El ruiseñor

MARIE DE FRANCE

Velas todas las noches

amparada en su canto,

no hay dolor ni reproches

bajo su melódico manto.

El sol es tu enemigo

y de él castaños y avellanos.

La luna y tú quedasteis sin amigo,

con su cálido aroma entre las manos.

Muerto amaneció el ruiseñor

envuelto en paños de silencio,

sobre su pecho rosa en flor,

cruz sobre el ave de Majencio.

Canta Filomela en su caja de oro

albas de ébano y brillante tesoro.

*Il en était d'eux comme du chèvrefeuille
qui s'enroule autour du coudrier:
une fois qu'il s'y est enlacé
et qu'il s'est enroulé tout autour de la tige,
s'ils restent unis, ils peuvent bien subsister,
mais ensuite si on veut les séparer,
le coudrier meurt aussitôt et le chèvrefeuille aussi.
«Belle amie, ainsi en est-il de nous:
ni vous sans moi, ni moi sans vous!»*

MARIE DE FRANCE

No consigo olvidarte.

Retumbas en mi ser

como las olas contra Tintagel,

como el olifante en los Pirineos

atravesando a Carlomagno,

como el baladro de Merlín

en su prisión de prismas de cristal,

como el silencio de la reina Elaine

tras perder la voz en el llanto,

como el crujir de un árbol,

avellano sin madreselva,

pasión inerme

de un recuerdo, de un bosque,

de un tañido de arpa sin canto.

LA MERIENDA

Para Luis Alberto de Cuenca

Per qu'ieu m'esfortz de far e dir plazers
a manhs?

ARNAUT DANIEL

si linguam clauso tenes in ore,
fructus proicies amoris omnes

GAIUS VALERIUS CATULLUS

Cansado de escribir con elocuencia

a la doncella de mis pensamientos,

y al ver que su sordera es resistencia

a mi incisivo verbo y aspavientos,

abandoné la pluma en el tintero

con la resolución del protestante,

e imploré al poderoso caballero

enseñarme sus formas de tunante.

No, mi amor, no quiero ser un Cyrano

ni escribir en verso mis soledades,

entre sus brazos ya me encuentro sano,

entre sus muslos nuevas realidades...

La gélida y tenue luz de mis ojos

brilla en sus labios ardientes y rojos.

[27]

DÍA DE HIELO

Para Carlos

"Ya que os he juntado
y he hecho tanto esfuerzo por vosotros,
esto lo beberé yo,
y vosotros dos sed felices"

EL HIJO DEL ZAR Y DÍA DE HIELO

Un día la soledad abandonó al hijo del zar.

Presa del *fatum* se alejó del palacio y sus placeres,

atravesó el gran bosque y descansando a orillas del mar

vio en la ventana de un barco todos los frutos de Ceres.

Como la mordedura de un áspid le entró al corazón

una suerte de dolor mezcla de amargura y dulzura,

tal quedó en él la imagen de su belleza en impresión

que perdió todos los sentidos rozando la locura.

Días más tarde en el mismo lugar un joven pintor,

víctima de la espuma de Venus, cogió sus pinturas,

y retrató a la dama que rebosaba en esplendor

nieves cumbreras y luz opalina por las costuras.

Triste estaba el zar por la enfermedad de su primogénito,

todos los remedios quedaron en agua de borrajas,

pues su postración se debía a un dolor del cuerpo ingénito

que engatusa y engaña a todo el mundo al son de sus sonajas.

Fue la visión de la doncella lo que le despertó

de aquellos oscuros sueños de acero al rojo vivo,

y emprendió la búsqueda del ángel que le libertó

haciendo de su corazón un himno profundo y altivo.

Miedo y Deseo galopan con presteza a su destino

cargando en sus espaldas con los vientos del joven preso,

pero ciertamente llevar al pintor es desatino

ya que, en el camino, de la imagen se ha vuelto un obseso.

Una gélida aparición interrumpe la carroza

castigando la perversión del mortal empedernido,

sirviendo de guía al heredero hasta una vieja choza

donde tendrá reposo su corazón febril y herido.

¡Mil manjares, cornucopia, envidia del buen Anfitrión!

Brilla demasiado la sospecha entre carnes y vinos...

¡Viva el sentido de *Día de Hielo* y su gran intuición

que por vez primera salvó al joven de los asesinos!

En la habitación contigua, por orden del frío mago,

comió el príncipe homólogos manjares hasta dormirse,

fue entonces cuando entró por la puerta un voraz viento aciago

que en torbellino de hechizos no hacía más que reírse:

eran las cuatro vilas soberanas del inframundo

envueltas en togas raídas, negras por sus acciones,

pues torturaban a los humanos con verbo profundo

dibujando con sus lenguas ardientes laceraciones.

«Madre —dijo la hermana mayor— aquí apesta a cristiano.»

«Tienes razón, cariño mío, es el hijo del zar.

Partió en busca de la princesa del castillo lejano

pero sin nuestro conocimiento habrá de fracasar.

En su camino al amor está la Montaña Salvaje

que se impone entre los dos enamorados en presencia,

solo si arranca del manzano sagrado con coraje

tres frutos, y arroja uno contra esta, tendrá complacencia.»

Al romper el alba quiso el joven proseguir la marcha,

partir cuanto antes de aquella cabaña sin maleficio,

pero los alimentos no crean nieve, solo escarcha,

comparados a los sabios consejos en beneficio.

El mago le convenció para quedarse un día más

pues tenía el presentimiento de muchos más obstáculos.

El zarévich comió, bebió y durmió sin saber jamás

los secretos de aquellos seres del infierno vernáculos.

«Madre —dijo la hermana mediana— aquí apesta a cristiano.»
«Es cierto, niña mía, son el mago y el hijo del zar.
Uno duerme ignorante y el otro escucha, pues es anciano,
con su ayuda el joven a la princesa podrá alcanzar.

En su camino al amor se encontrará con el Gran Mar
que separa en dos orillas las pasiones juveniles,
solo si arranca tres frutos de una fresa del lugar
se tenderá un puente de plata a sus deseos pueriles.»

Otra noche más se quedaron por deseo del mago
que intuía una última trampa en su larga travesía,
otro banquete, por suspicaz, tuvo como buen pago,
otra respuesta, por paciente, le dio gran alegría.

«Madre —dijo la hermana pequeña— aquí apesta a cristiano.»
«Es cierto, niña mía, son el mago y el hijo del zar.
Uno duerme ignorante y el otro piensa, pues en anciano,
en la manera de este último obstáculo sortear.

En su camino al amor se erige la Montaña de Hierro
que une los altos cielos con la profunda y áspera tierra,
la señal de la Cruz de avellano doblegará al fierro
y del palacio dorado obtendrá la joya que encierra.»

Partieron al alba superando hasta el último obstáculo

llegando a las inmediaciones del palacio dorado,

y en lo más alto de la torre encontró el joven su báculo,

irisado y silencioso fin con nácar engastado.

El rey les concertó tres citas y en la última se fueron,

ella dentro de un caballo ricamente enjaezado,

ardid del mago, y en la persecución final los perdieron

por los hábiles trucos en tales artes avezado.

Descansaron los jóvenes en la Montaña Salvaje

mientras *Día de Hielo* se fue a la cabaña de las vilas,

y abrió la puerta con la fuerza de un furioso oleaje

que irrumpe como el enemigo más fiero entre las filas:

«Madre —dijo el mago— he cumplido con creces mi condena

vagando estos tres días que en realidad fueron tres años.

He sentido plenamente la humana e incurable pena

que arde viva en el corazón y muere en húmedos paños.

Vengo a ti, aunque ya sé la respuesta a mi próximo paso,

debo morir por la sangre de Cristo en copas de plata

y apurar de mi experiencia mortal el último vaso

y enfriarme poco a poco por esta brevísima cata.

Y mi figura se volverá una escultura salada

como aviso a los amantes del cruel precio del amor,

y resucitaré a los días, petición de la amada,

debido al sacrificio de su hijo y a su frío valor.»

Pero no hubo ninguna voz en la oscura habitación,

ni madre, ni hermanas, ni el eco, ni el crepitar del fuego,

la verdad es de las sábanas del zar ensoñación

y de los amargos devaneos del destino un juego.

Letanía de Sancho Panza

*Abrid camino, señores míos, y dejadme volver a mi antigua libertad;
dejadme que vaya a buscar la vida pasada, para que me resucite de esta
muerte presente*

Miguel de Cervantes

— Hypocrite lecteur, — mon semblable, — mon frère!

Charles Baudelaire

Fiel amigo de la costumbre,

de la bonanza dichosa,

de la salvación a tiempo

y la senda pecaminosa;

De la contradicción aparente,

del pobre aliciente

del *¡Buenos días!*

y *¡Hasta siempre!*;

Del *¡Vaya con Dios!,*

del apretón de manos,

de la mirada firme

y los ojos sanos;

Del mote distintivo,

de la jerga de casa,

del siempre atractivo

jolgorio de tasca;

Del griterío vecinal,

del badajo clerical,

de los mantones y las faldas

y el chascarrillo popular;

De los dimes y diretes,

de las lindes y mojones,

de las tierras en disputa y

heredades y pasiones;

Del vino que abre brecha,

del desconocido que te asiste,

del odre junto al fuego y

los lloros y los chistes;

Del miedo a lo foráneo

y a los fantasmas manteadores,

del topo subterráneo

y del lirón entre algodones;

Del mendrugo de pan,

de la sopa de cebolla,

del hambre que es la salsa

del pobre sin memoria;

De la vajilla dorada,

de los cuernos infinitos,

de las mesas adornadas

con manjares exquisitos;

Del brindar por todo,

del beber con brío,

del bailar con ninfas

y pies desnudos junto al río;

Del queso en aceite,

de la faca en mano,

del hender lento,

simple y llano;

De la siesta diaria,

del burro ahijado,

y del caballero robusto ya olvidado,

del gran don Quijote, Alonso Quijano;

De la mohosa armadura

con pasado glorioso,

de los reflejos de Granada

en el peto y en la espada;

De la celada finísima de encaje,

de la fría bacía de barbero,

de la adarga triste

y lanza en astillero;

Del consejo del salmantino

recién licenciado sin fortuna,

que renacerá de sus cenizas

como el Caballero de la Blanca Luna;

Del cura ilustrado,

de su vecino travestido,

de su hija Sanchica,

alegre, pero sin marido;

Del cortejo de corte,

del engalanamiento excesivo,

de las nuevas maneras

y los nuevos sentidos;

Del jumento bajo techo,

de la dueña ofendida,

del halago precario

y la ínsula prometida;

Del huir de mil y una batallas,

del retiro por cualquier medio,

del desechar aventura

sin juego ni premio;

Del tener en la boca el tedio,

del arrastrar del cuerpo

por un campo estéril,

del dormir sin sueño;

Del ser dueño

de las palabras vulgares

que manchan los diálogos

de pueblos y ciudades;

Del llenar tu copa de miedos,

del engañar en las sombras,

del tramar en secreto mentir al estandarte

de la caballería andante;

De las lágrimas postreras

de una azotaina merecida

por abrir la vieja herida

del recuerdo del pasado;

De la figura del impávido,

del de sereno semblante,

del caballero asendereado

que te eligió como ayudante;

De la actitud lastimosa,

de la realidad labriega,

de participar por error

en inolvidables refriegas;

De la ceguera permanente,

de la ignorancia por bandera,

del hablar sin sentido,

y del pichón en la cazuela;

Del verbo facilón,

del golpe en el mentón,

del abstraerse de la heroicidad,

de la rata de salón;

De la sanguínea flor almibarada,

del colérico viento de verano,

del alma necesitada

de aquel a quien llamáis hermano.

Esa es la verdad, Sancho amigo.

Por todas estas cosas

y por muchas otras más,

sois el maestro de dejar caer las cosas en olvido.

¿Y todo por qué?

Por el sucio dinero y su alcance invisible,

por elevarte sobre todos

los seres del mundo sensible;

Por este teatro de locos,

por esta pelea sin pausa,

por saborear las mieles

con vicio y sin causa;

Por la ambición desmedida

de los pecados veniales,

por llenar tus bolsillos

de escudos y reales;

Por aparentar en demasía,

por querer ser Su Señoría,

por querer reinar sobre

toda esta algarabía...

Padre nuestro que estás en los cielos,

santa María madre de Dios,

perdonadme este ácido enredo,

el bruto de Sancho era yo.

SESO

A Jon

Hermosos días de gloria,
aunque hoy ando desterrado del placer
aún tengo buena memoria,
cualquiera tiempo pasado fue mujer

JAVIER KRAHE Y JAVIER LÓPEZ DE GUEREÑA

Caminas sin quevedos por la lluvia

de las calles cargadas del olvido.

A la umbra del imperio, como Nubia,

te persiguen los sueños que has servido.

Calado hasta los huesos, en un bar,

te pides en la barra un buen caldito,

y con la nostalgia del que vio el mar

partes en pos del recuerdo maldito:

te encuentras con las sombras del pasado,

con soles ardientes y lunas frías,

y al fondo del cruel paisaje evocado

esa bella mujer por que morías.

Ojalá no se borre ese rincón

donde latía fuerte el corazón.

Yo, Anquises

Yo habia jurado nunca más meterme,
a poder mio y a mi consentimiento,
en otro tal peligro como vano;
mas del que viene no podré valerme,
y en esto no voy contra el juramento,
que ni es como los otros ni en mi mano

GARCILASO DE LA VEGA

Inocente releía *La Eneida*

en una cálida tarde de abril,

cuando ella, grácil como una nereida,

rompió en espuma de blanco marfil.

Restallaron sus ojos en los míos

con una luz de carbunclo infinita,

y entre los vientos ardientes y fríos

silbó el nombre de la diosa Afrodita.

Cierto es lo que dicen de sus aromas,

de su caminar liviano y florido,

de su sonoro escuadrón de palomas

y su sonrisa de nácar molido.

La vi en Alcalá una tarde de abril,

envuelta en gasa de fino marfil.

Tus pecas

Señora, Amor es violento,
y cuando nos transfigura
nos enciende el pensamiento
la locura.

RUBÉN DARÍO

Déjame acercarme a tu bella cara

para que pueda, por fin, cerciorarme

de esas pintas que parecen amarme

como si supiesen que las amara.

Si por un instante las contemplara

bajo una noche que pudiese darme

la claridad que el sol quiso quitarme,

sería yo quien, en rumor, nombrara

los altos nombres de esas bellas damas,

de una ninfa y un titán encadenado

Pléyades, que tú corazón reclamas.

Y aun siendo por el Lete rodeado

recordaría por siempre que me amas,

y todo lo demás fuese olvidado.

LA SOMBRA

Para Carlos

non tengatz per sordeyor
mon chan, que·l cor m'es viratz
de lieis on anc non aic pro,
que·m gieta de sospeisso;

PEIRE VIDAL

Repican las campanas por Antonio de Padua,

contestan sus hermanos al otro lado de la plaza.

En el medio, el Cardenal Cisneros se emociona,

y yo, desconcertado, hago frente a la ignominia.

Baila la esquililla en las Clarisas de San Diego,

ya temiéndome lo peor me embozo y acelero.

Descalzos van los Trinitarios al ritmo de la muerte

entonando serios cantos que a Cervantes estremecen.

Muerta su pluma y su ingenio muestra desazón,

advierte en mi mirada la más pura ilusión.

Ya cayeron muchos hombres en Castilla por pasión,

vil veneno que pudre la mente y el corazón.

¡Cuán alto volamos en un Clavileño desbocado!

Venus permanece en los labios de un necio consternado.

Llora don Alonso en la playa risueña de la luna,

llora Sancho postrado a los pies de un mentiroso.

Una sombra pasa por La Plaza del Ingenio,

un fantasma que no se veía hace un milenio.

El tedio por doctrina de Satán Trismegisto

cubre la realidad con el manto de la amargura.

Encontré una salida a mi entierro en La Paloma.

Silenciaron mis llantos las cigüeñas al crotorar.

Rio Guillermo como los condenados en Sodoma.

Enjugué mis lágrimas en la fina prosa de Alvar.

La muerte de Oliveros

Quant tu es morz, dulur est que jo vif

La Chanson de Roland

Te vas lejos de la luz

aunque mis brazos te abarquen,

aunque mis ojos te enmarquen

en el cuerpo de una cruz.

Te revuelves inseguro

en la eterna oscuridad,

madre de la humanidad

y del último perjuro.

Yo soy Roldán, Oliveros,

tu mitad incandescente,

un rebelde inconsecuente,

ambos fuimos compañeros.

Solo nos resta la fuerte

mano ciega de la muerte.

DURANTE ALDIGHIERI

Para Carlos

GIOVANNI BOCCACCIO

De un Elíseo y una Alighieri infante

naciste en una Florencia funesta,

antes ya de perderte en la floresta

fuiste del verso nuestro comandante.

Bajo la sombra de un laurel gigante

ninfas y ondinas hicieron de Vesta

dejando una fría impronta en tu testa:

mirar atrás para ir hacia adelante.

Natura quiso que te tropezases,

siguiendo los planes del Parnaso,

pensando todos que estabas herido,

para que una vez que te levantases

brindásemos tu gloria en nuestro vaso

el pájaro de Juno embravecido.

¿QUIÉN ES PUES?

A José Ramón

– «*Qui estes dont?*» – «*Chevaliers sui.*»

Chrétien de Troyes

La mesa estaba llena de manjares:

griales de Britania y de Bizancio,

licores que curaban el cansancio,

maravillas de ríos y de mares.

Provenientes de todos los lugares,

a pintorescas huestes les escancio

suave vino con el que me distancio

de certezas y acerco a los azares.

Mi señor, *alma mater* del convite,

ofreció su cáliz a un forastero

que aceptó, agradecido, tal envite.

«Hijo mío, ese hombre de tez de acero

—me dijo mi rey para mi desquite—

es lo que aquí llamamos caballero».

SUEÑO

Para Guillermo

Graba mis palabras en tu memoria,
para que no las olvides
cuando el dulce sueño te desampare

HOMERO

¿Sueñas que puedes huir del destino con vagos deseos?

Los sueños son parte de un todo que escapa a cualquiera.

Parte del hombre, por tanto, mentira divina del cielo.

Te alzas seguro del juicio que guía tus pasos certeros

y caes hundido, rendido a la bella certeza

que el Sueño es puñal silencioso que encubre la noche.

Y al sueño del bello, le siguen los pasos leales

y gritos fervientes de ciegas pasiones sin cura:

música de ángeles brota de sus instrumentos metálicos,

miles de bocas que claman victoria

por esa mujer, decidida, que coloca en las pobres

corazas la eterna desgracia que imprime la Fama.

Y tiembla la tierra, agitada por miles de bronces,

restallan furiosas las armas en brazos potentes,

gritan las almas de aquellos que son condenados en vida:

nunca jamás surcarán con su nave el magnífico ponto.

Cubre la sangre los campos que visten el río Escamandro,

triste por estas matanzas que habrá de acoger.

Todo es orgullo del hombre, del hombre que ostenta el poder,

pero las víctimas cuentan por cientos de miles, millones.

Simples peones de un juego que escapa, lejano,

cual fugitivo inocente exiliado a la fuerza

de su costumbre, familia y razón por azar.

Ese es el sino del hombre en cualquiera que sea el camino.

Mientras, resisten las voces de algunos incrédulos locos:

Tersites, con crudas palabras, ataca medroso

al rey de los hombres que lleva la muerte a los teucros.

La hija de Zeus defiende la guerra en Ilión,

su voz entonada en la boca de Ulises golpea

con cetro de mando el pavor anhelante de mar.

Quédese entonces la guerra en manos de Ayante, Odiseo,

Diomedes y muchos valientes soldados anónimos.

Callen los sabios consejos de Néstor, bastón quebrantado,

y choquen con Héctor y Eneas en altas murallas

que Príamo, rey de estas tierras, valora invencibles.

Sea designio de dioses o error de los hombres.

ME PRESENTO

Para mis alumnos de Ginebra

Eu não tenho vistas largas,
nem grande sabedoria,
mas dão-me as horas amargas
lições de filosofia

ANTÓNIO ALEIXO

Nací en un arroyo peninsular

defendido por Mohamed I.

Villa y corte de un imperio solar,

ciudad moderna por Carlos III.

Estudié en la cátedra de Cisneros,

de Castilla, cuna del humanismo,

del Siglo de Oro primeros aceros

y de Miguel de Cervantes bautismo.

Tuve por nombre el de un santo famoso

por las cartas que escribió a las naciones.

Camino a Damasco, en suelo arenoso,

cayó del caballo y de sus nociones.

Ahora, entre el Arve y el Ródano vivo,

transcribo, traduzco, suspiro y escribo.

LOS MOTIVOS DEL POETA

Para Xiomara

Francisco responde: En el hombre existe
mala levadura.
Cuando nace viene con pecado. Es triste.
Mas el alma simple de la bestia es pura

RUBÉN DARÍO

Son simples los motivos del poeta:

coger a manos llenas este mundo,

concentrar su bello arte en una treta,

alcanzar de lo humano lo profundo,

y aceptar de la vida sus dolores

sin estar por ello triste o iracundo.

De todas las fragancias sus olores,

de todas las voces una impresión,

de cada situación sus mil colores.

Invertir sin caer en subversión,

entregarse a la luz de un nuevo día,

y abrazarse a las noches con pasión

mientras queden motivos todavía.

ECO ÁUREO

A Carlos

El cómo o para qué nos encantó nadie lo sabe,
y ello dirá andando los tiempos,
que no están muy lejos, según imagino

MIGUEL DE CERVANTES

No sirva la distancia como excusa

para no rendirte mi lucidez

una sombra, mi opúsculo a tu prez,

que la lírica a estos gustos ya no usa.

Reniego de la antigua ciencia infusa

de musas y de dioses, y a su vez,

del espejo romántico sandez

que ignora un rico mundo del que abusa.

Tú, montaña paterna del saber,

que piedra a piedra erigiste la cima

que mis ojos un día esperan ver,

acepta el humilde eco de mi sima,

pues ctónica potencia es el querer

alcanzar a los justos con la rima.

DE AQUÍ A CINCO AÑOS

> *Cuerpo, recuerda no sólo cuánto fuiste amado,*
> *no sólo los lechos donde te acostaste,*
> *sino también aquellos deseos, que por ti*
> *brillaban claros en los ojos*
> *y con la voz temblaban -y algún inesperado*
> *freno los reprimió-*
>
> CAVAFIS

Cuando regrese a mi tierra de esparto,

ni el secarral ni su mudo riachuelo

encontrarán palabras de consuelo

para un joven corazón que ya está harto.

Y desde la terraza de mi cuarto

veré la pobre sierra de mi abuelo,

que aporta minerales al subsuelo,

y cuyo mismo fin quizás comparto.

En la cálida noche veraniega,

entre las finas hojas del olivo

y el monótono canto de chicharra,

buscaré por los campos de la siega

tus ojos negros de circonio vivo

y tu voz como acorde de guitarra.

El perro y el hortelano

A Betti

Ergue-te, pois, soldado do Futuro,
e dos raios de luz do sonho puro,
sonhador, faze espada de combate!

ANTERO DE QUENTAL

¡Ya despunta el alba, epicúreo rioplatense!

Sonríe, alegre, desde el *Montmartre* ginebrino

a aquellos que anoche compartieron de tu vino,

entre ellos un recién licenciado complutense.

Silencio de la Alcarria y alarido matritense,

cínico galgo de La Mancha cuyo destino

vaticinó en una noche oscura el adivino

muy cercano a tu próspero jardín ateniense.

Aguijoneado por la melífera abeja

te decidiste a abandonar el redil gregario

al tiempo que dejé en mi tinaja toda queja.

Ahora atacamos como hermanos al falsario,

desnudamos con la palabra a la que se deja,

y añadimos poesía al orden planetario.

El Cruce de la Palta

Illa cantat, nos tacemus. Quando ver venit meum?
Quando fiam uti chelidon, ut tacere desinam?

PERVIGILIUM VENERIS

Desde el Cruce de la Palta

se puede ver un balcón

donde vive una dueña alta

de muy frágil corazón.

Sus huesos, de madrugada,

tiemblan de fino rocío,

llamando, con su balada,

al tierno rayo de estío.

Su cuerpo pide al ocaso

la manta de las estrellas

para abrigarse y, de paso,

vestir las prendas más bellas.

Colgado quedó el lucero,

y el que te escribe sincero.

GATO PAUL

Para Carlos

Dóna al Creador
ço que l'auràs promês:
membre't del pescador
e del gat, cossí·l prês

Cerverí de Girona

A las puertas de la gran ciudad se encontraba el rey Arturo.

Dicen que dijo: «¡Roma! ¡Oh, madre Roma! Beba tu vino

y adornen mis sienes tus laureles, pues soy tu futuro

señor de sangre britana, como dijo el adivino.»

Ya lloraban los goznes de las grandes puertas del Lacio,

se avinagraban los dulces néctares en sus tinajas,

dormían los laureles en el largo sueño de Estacio,

y atronaban los horrísonos gritos como navajas.

Pero raudo llegó un mensaje de las Islas Lejanas,

que Mordret se había rebelado contra el mismo rey,

y los gemidos de Ginebra a través de las ventanas

llevaban por el reino, a siervo y señor, la nueva ley.

Cómo sintió Artús el amargo sabor de su destino,

la gloria prohibida de su valiente pueblo britano.

Como el fuego corrieron, del Quirinal al Aventino,

las burlas a Merlín, a Excalibur y al pueblo germano.

Sacaron sus sonajas los hijos de Rómulo y Remo,

puso el hijo de Úter rumbo a la blanca luna de Albión,

toda Italia cantaba la burla del gran ciervo memo

que araba, cabizbajo, los campos de toda nación.

Cruzaron temerosos, como Aníbal, la Lombardía,

los nevados y escarpados Alpes de la tierra helvética.

Entonó el bardo canciones carentes de alegría

que entorpecían los pasos de una procesión patética.

No supo reavivar Galván los ojos de su tío,

Perceval aún pensaba en el lecho de Blancaflor,

Merlín gritaba por Viviana entre las llamas y el frío,

Lanzarote estaba herido por la flecha del amor.

Tales varones componían la impotente mesnada.

Armados con miradas perdidas y largos lamentos

seguían a Giflet que, ondeando una oriflama ajada,

daba la extremaunción a la luz de tamaños tormentos.

Quiso el azar ponerles fin con una última aventura:

en el lago *Léman* vivía un peligroso vestiglo,

retoño de la cerda Henwen, aborto de Natura,

arrojado desde la Piedra Negra hace más de un siglo.

Cuenta la historia que, un día, un viejo y pobre pescador

recogía con sus redes algas y piedras del lago.

El hambre le doblegó, y pasó de justo a pecador,

desencadenando la ira de Dios de escarmiento aciago.

Una jura, dos juras, tres juras realizó el maldito,

las tres piezas guardó para sí el hambriento pueblerino.

A la cuarta salió del lago el *Gato Paul* ahíto

de tantas palabras huecas del perjuro ginebrino.

Y allí se desató la furia del temible animal:

era más corpulento que el gigante de *Saint-Michel*,

su abundante pelo y aullidos simulaban al garval,

sus garras y ojos eran los del mismísimo Azrael.

Lo crio una sirena, era más ágil que un pez en el agua,

pero no cayó en la trampa como el copero de Heracles:

detrás de esos orbes de fémina se esconde una fragua

que a través de los mares y los tiempos forja debacles.

Fue así como *Paluc*, o *Chapalu*, que así lo llamaban,

mató a su padre, a la sirena y al más lento ribereño,

y el lago se convirtió en un lugar donde se juntaban

todas las horribles alimañas con su nuevo dueño.

Llegaron pues, los últimos restos del legado artúrico,

a las orillas del lago previamente mencionado.

Aquella noche no durmieron por el viento sulfúrico

que exhalaba el *Gato Paul* por sus narices de venado.

El primer envite lo graznó, con alegría, el cuervo:

la bestia se abalanzó sobre el galés empedernido,

que soñaba con aquella de la cual sería siervo,

por lo que la dulce muerte le pilló desprevenido.

El hijo de Ban resistió, a duras penas, tres intentos:

su escudo de plata y franjas fue quebrado, su coraza

aplastada contra el pecho por los zarpazos violentos

de *Paluc*, que no dejó para Ginebra ni carnaza.

El sobrino del rey fue en busca del chillón Anticristo,

pero ese viejo verde había partido hacia Cornualles,

y al galope a lomos de su cabra, en un visto y no visto,

atravesaba los fogosos jardines de Versalles.

Quiso hacer tiempo el colibrí para que saliese el sol,

ya que su poder provenía del mismo Faetón,

pero ni la mujer ni el rayo pondrían su arrebol

en su rostro, sino la bestia de un raudo bofetón.

Solo quedó el rey Arturo para enfrentar al felino.

Su gastada armadura sonaba a fanfarria del miedo,

su espada envainada no tenía ya instinto asesino,

no había ya de Logres ni el valor de antaño ni el credo.

Arremetió contra su enemigo con la cornamenta,

adornada con las armas de sus fieles caballeros.

Profirió un grito más cercano a sollozo que a tormenta,

que recogió Bleheris para los años venideros.

Dicen que el *Gato Paul* le zancadilleó con su cola,

después, entre sus patas, le moldeó como un ovillo,

después, le apalizó y estiró hasta ponérselo de estola.

Con esos pitones y le toreó como a un novillo...

Hasta que Arturo no pudo más y se quitó la vaina,

que era la que le protegía de mortales heridas,

pero *Paluc* se cansó, y como tempestad que amaina,

dejó caer sobre el agua todas las glorias vencidas.

Lloraba Artús la derrota, las muertes, la humillación,

el mundo de la caballería tocaba a su fin:

nunca alcanzaría la gloria su violenta nación,

en su corona de flores no encontraréis el jazmín.

Y mientras flotaba como Ofelia en las aguas del lago,

le golpeó una barca en los cuernos con el mascarón.

El pobre ingenuo espera que Ródano arriba esté el mago

y su hermana Morgana para irse juntos a Avalón.

COMPADEZCO TU *CHILLON*, BYRON

LORD BYRON

Mis vientos se los lleva tu sonrisa,

tu ligero pasar por las estancias

perfumando el castillo con fragancias

que amenguan la tormenta en mera brisa.

Silencias mis silencios con tu risa,

dibujas las paredes de las rancias

cavernas inferiores donde escancias

licores de un amor que ya se avisa.

Mi aciaga y triste duda la iluminas

con lumbreras carentes de malicia

y brillo delator con que adivinas

el deseo de hacerte una caricia

donde se abren y cierran las esquinas

y agostemos de Venus la codicia.

VERITAS

et cognoscetis veritatem et veritas liberabit vos

VULGATA LATINA

Punzada que sorprendes en la noche

con un silbido de acero fugaz,

en llanto y súplicas te hacen derroche

y hasta de la misma muerte capaz.

Contra el juicio del hombre diletante

que se llena con muy pobres raciones,

esgrimes el bastón de comandante

que alborota y enloquece a las naciones.

Infanta de Virtud y de Saturno

que creciste a la par que tu reflejo,

en el fondo de un pozo taciturno

aceptaste la imagen del espejo.

Tuyo es el reino de la libertad,

niñita de luz que llaman Verdad.

De Madrid al cielo

> *Cuando contemplo el cielo*
> *de innumerables luces adornado,*
> *y miro hacia el suelo*
> *de noche rodeado,*
> *en sueño y en olvido sepultado:*
> *El amor y la pena*
> *despiertan en mi pecho una ansia ardiente;*
> *despiden larga vena*
> *los ojos hechos fuente;*
>
> FRAY LUIS DE LEÓN

Entre campos de espuma celestiales,

níveas rocas que tocar anhelo,

observo desde lo alto, con recelo,

aumentar la distancia de mis males.

¡Yermos parterres, calvas garrafales,

cordilleras tristes de medio pelo,

ríos secos que gimen con el celo

de la sed de los pecados veniales!

Atrás queda la jura de un rey necio,

Carlomagno, Roldán y Durandarte,

península oxidada, viejo pecio

del cual soy marinero, juez y parte,

y parto hacia otras tierras por el precio

de buscar el amor en otra parte.

POST TENEBRAS LUX

FRANCISCO DE QUEVEDO

De Europa eres la joya más preciada:

un zafiro incrustado en las laderas

de las altas y bellas cordilleras

que con nieves te tienen arropada.

Y cuando el sol anuncia madrugada,

brillan como rubíes tus caderas,

deslumbrando las más ciegas lumbreras

que solo abren los ojos a la nada.

Yago en tu frío pecho calvinista,

ignorando las lunas y los soles

que, amables, me ofrecieran una pista

de quién pone en tu piel los arreboles

que enmarca en sus poemas el artista

y arde porque en tus labios lo enarboles.

ANTES DE QUE AMANEZCA

Devanan sol y luna, noche y día,
del mundo la robusta vida, ¡y lloras
las advertencias que la edad te envía!

FRANCISCO DE QUEVEDO

Canta, como la lluvia en mi ventana,

y abriré mi pecho a la noche fría,

que abrazará, al tiempo, la luz del día,

como estrellas fugaces gloria vana.

Admito en mi tormento envidia sana

de envite tormentoso que porfía

con romper el pasado que chirría

en marco de madera vieja y cana.

Me avisas de su paso tú, corneja:

con tus breves graznidos corroboras

el ritmo constante que no ceja

de dar carne a la Muerte a todas horas.

No entonará mi voz pública queja,

risueña enfermedad son las auroras.

La llama

San Juan de la Cruz

Corres hacia la hoguera decidida.

Esta ciudad te ofrece soledades,

y la noche te oculta libertades

que ahondan en tu más profunda herida.

Como una fugaz estrella suicida,

arrojas tus mentiras y verdades

a un torrente imparable de ansiedades

que te marca el camino de la huida.

No te vayas, déjame que te abrace,

y te cante a la sombra de la llama

esta canción de luz que en mi alma nace.

Y si la negra muerte te reclama,

sean dos corazones los que cace,

y yo, entre el fuego y el silencio, quien te ama.

REGARD

A Pablo Betti

La pittura è una poesia muta,
e la poesia è una pittura cieca,
e l'una e l'altra vanno imitando la natura
quanto è possibile alle loro potenze

LEONARDO DA VINCI

Pintor, artista del hambre,

¿qué buscas en el color?

¿El discurso del tambor,

la aritmética de enjambre,

unión de pistilo y estambre,

una muestra de valor,

la ráfaga de calor

que te arroje del alambre?

No. Te buscas a ti mismo

en reflejos encontrados

a la sombra de la cruz

y, como un fiero seísmo,

alumbras por los costados

mágicas fuentes de luz.

[91]

Insomnio

Crimine quo merui, iuvenis placidissime divum,
quove errore miser, donis ut solus egerem,
Somne, tuis?

PUBLIUS PAPINIUS STATIUS

Estas lunas que brillan a deshoras

inquietan a los campos ya cansados

que esperan, sin saberlo, condenados,

el trueque de las noches por auroras.

Tú, vacío que todo lo demoras,

acicate de humores alterados

que marchan a la guerra cual soldados,

y apresan inquietudes que devoras,

a la Muerte con tu arte la enamoras,

escondiendo en minutos, disfrazados,

sibilantes cuchillos afilados

que silentes desangran a las horas.

Las llaves del reposo tienen dueño:

un niño temeroso de su sueño.

La Muerte

Dança general de la Muerte

Empiézame a asustar reconocerla

en sus formas nocturnas más variadas,

en las miles de sombras estrelladas

que ensalzan su figura para verla.

Y tendré que aprender a no temerla,

pues comparto mis horas condenadas

con fuertes amenazas no veladas

que pintan muy difícil no quererla:

el canto de murciélagos alados,

la mirada de arañas venenosas,

el siseo inquietante de serpientes,

y espejos que reflejan por los lados

angulosas presencias peligrosas

que sostienen un balde con mis dientes.

El colibrí y el majuelo

A Xiomara y Carlos

- Dímelo tú, Clara niña, no me niegues la verdad,
lo que tienes en tu cuerpo, ¿A qué padre lo has de dar?
- Yo a Don Carlos, a Don Carlos; Don Carlos de Montealbar

ROMANCE DE LA INFANTA SEDUCIDA

Liba el alma de la flor

aquella preciosa espina,

bravo fénix de resina,

que revive con su ardor

la blanca luz del majuelo,

y enciende un tenue arrebol

que ilumina más que el sol,

cálido y dulce consuelo.

Marte de estela canora,

tú atizas en la razón

las brasas del corazón,

hijo inaudito de Flora.